Wörtlich genommen

und

um die Ecke gedacht

2. Ausgabe

Wörtlich genommen und
um die Ecke gedacht

Herausgeber:
Klaus-Dieter Stamm   **email:** Um-die-Ecke@genial.ms

Herstellung und Verlag:
Books on Demand GmbH, Norderstedt

ISBN 978-3-732-24673-1   Verkaufspreis: 4,95 EUR

Vorwort

Die deutsche Sprache bringt so einige Wörter*) hervor, die schon von Natur aus doppeldeutig sind. Man denke an den „Läufer". In der Kombination von *zwei oder mehreren* Wörtern kann es dann schon lustig oder hintersinnig werden. Wer kennt nicht einen *Schlüssel* oder den *Sandmann*, beide sind *Bartträger*.

Der Herausgeber hat sich nachstehende Worte (Gedanken) nicht selbst ausgedacht, sondern sie nur gesucht, gefunden und zusammengestellt.

Eine gewisse Grundkenntnis über das Leben in der DDR kann bei einigen Begriffen hilfreich sein. Zum Nachdenken reicht es hoffentlich in jedem Fall. Auf Grund der alphabetischen Anordnung der Worte wechseln sich die verschiedenen Formen des „Um die Ecke Denkens" laufend ab.

Gerne kann es in dieser Form ein nächstes Mal geben, mit Worten/Wörtern*), die wir im täglichen Umgang so hören und uns dabei so manches denken. (Um-die-Ecke@genial.ms)

Für entsprechende Hinweise bin ich dankbar und wenn wieder 1.000 interessante Wortspiele zusammenkommen, kann es gern einen zweiten Teil geben.

Berlin, Juni 2013

Klaus-Dieter Stamm

*) siehe nächste Seite

B

Begleiterscheinung	● Schatten
Beinleiden	● Gliedbeschwerden
Beißkorb	● Hundezwinger
Bekleidungshaus	● Anziehungspunkt
Benzin	● Kraftbrühe
Bergbahn	● Klimmzug, Höhenzug
Bergbau	● Baude
Bergführer	● Steigleiter
Bergkapelle	● Spitzenorchester
Bergmann	● Erdkunde
Bermudadreieck	● Rätselecke
Berufsbekleidung	● Tatsachen
Berufswahl	● Stellungnahme
Bescherung	● Haarschnitt
Besserverdienender	● Leistungsträger
Bestandteil	● Ladenhüter
Betriebsoptimierung	● Entlassung
Betriebsteil	● Werkstück
Bettschwere	● Federgewicht
Beweggrund	● Sportplatz
Bezugsperson	● Polsterer, Zimmermädchen

BH (Büstenhalter)	•	Formgestalter
Biathlon	•	Gewehrlauf
Bibelturmhöhe	•	Babelsberg
Bienenschwarm	•	Blüte
Bierglas	•	Blumenständer
Bierrechnung	•	Maßtabelle
Bildungsstand	•	Buchbasar
Bildschirm	•	Kopierschutz
Billardmeister	•	Bandenchef
Bimmelbahn	•	Klingelzug
Bindemittel	•	Schnürsenkel
Blase	•	Schuhwerk
Blattknospe	•	Urlaub
Blattschuss	•	Zeitungskritik
Blattwerk	•	Buch
blauäugig	•	treuherzig
Blendwerk	•	Lichtshow, Scheinwerfer
Blickfang	•	Hingucker
Blickfeld	•	Augenweide
Blindgänger	•	Regenwurm
Blitzschach	•	Schnellzug
Blockbuster	•	Kassenschlager
Blockhütte	•	Stammhaus

B

Blockhütten	Tannhäuser
Blödsinn	Hauptausschuss
Blumenständer	Bierglas
Blumenverkäufer	Schankwirt
Blüte	Bienenschwarm
Bockwurst	Standgericht
Bodenkunde	Kompostabnehmer
Bogenschießen	Papierkrieg
Bohnenkraut	Kaffeebusch, Kaffeepflanze, Kaffeestrauch
Boxen	Niederschlagsneigung
Boxer	Fleischklopfer
Boxhandschuhe	Schlagzeug, Keilkissen
Boxreglement	Faustrecht
Boxreportage	Faustskizze
Brandenburg	Markstück
Brandschutzhelfer	Sonnenöl
Brandschutzübung	Feuerprobe
Brandschutzverordnung	Löschblatt
Brandstifter	Paprika
Brandzeichen	Durst
Brautschleicher	Verbundnetz

Brennnessel	•	Feuerzeug
Brieföffner	•	Adressat
Briefkastenschlitz	•	Posteingang
Brötchengeber	•	Bäcker
Brücke	•	Übergangslösung
Brustton	•	Herzschlag
Buch	•	Blattwerk
Buchbasar	•	Bildungsstand
Bücherwurm	•	Papierschlange
Buchhandlung	•	Romanfabel
Büchsenlicht	•	Taschenlampe
Buddelkasten	•	Hausbar
Bühnenstück	•	Kulisse
Burgverlies	•	Weinkeller
Bushaltestelle	•	Standpunkt
Büstenhalter	•	Vorspann
Butterkremtorte	•	Gewichtheber

C

Cabinetstückchen	•	Zigarettenkippe
Campinganhänger	•	Fahrerhaus
Campingführer	•	Zeltplatzleiter
Campingstuhl	•	Sommersitz
Charakter	•	Leibeigenschaft

C

Chorknabe	•	Gesangsbruder
Computer	•	Eingabenbearbeiter

D

Dach	•	Hausaufsatz
Damenfrisör	•	Lockenwickler
Damensieg	•	Misserfolg
Damespieler	•	Steinsetzer
Dämmerung	•	Abendanzug
Dämmerzustand	•	Traumstellung
Datenklau	•	Geldkartenkriminalität
Datenträger	•	Aktentasche
Datschenbauer	•	Scheinwerfer
Dauerzelter	•	Leinwandheld
Deklination	•	Fallübung
Dekorationsstücke	•	Auslegeware
Delta	•	Einflussbereich, Wasserscheide
Denkverbot	•	Tabu
Denkvermögen	•	Neuerervergütung
Denkverbot	•	Sachzwang
Denkzettel	•	Notizblatt
Dichterklausel	•	Einfallswinkel
Diebstahlsicherung	•	Mausefalle

Dienstreise	● Zugzwang
Diplomat	● Landbote
Dirigent	● Stehleiter, Tonleiter, Einsatzleiter
Diskusmedaille	● Schleuderpreis
Dogma	● Hundemutter
Donnerstag	● Gewitterwochenteil
Doppelleben	● Ehe
Dorfkneipe	● Landwirtschaft
Drehscheibe	● Schallplatte
Drillingsvater	● Überzeugungstäter
Druckerzeugnis	● Wasserstrahl, Hektik
Druckposten	● Verleger, Zeitungsstapel
Drucksache	● Erpressung
Druckstelle	● Klingelknopf
Duden	● Wortführer
Dünger	● Treibstoff
Durst	● Brandzeichen
Durststrecke	● Karawanenstraße

E

Ebenholz	● Wasserwaage
Echo	● Redewendung

E

Ehe ●	Doppelleben
Eheberater ●	Spannungsregler
Ehemann ●	Gefreiter
Eheschließung ●	Scheidung
Ehrenurkunde ●	Lorbeerblatt
Eid ●	Wahrzeichen
Eierteigwaren ●	Nudeln
Eigenbrötler ●	Privatbäckerei
Einbildung ●	Monolith
Eindruck ●	Unikat
Einfallswinkel ●	Dichterklausel
Einflussbereich ●	Delta
Einflusssphäre ●	Flussmündung
Eingabenbearbeiter ●	Computer
Einleitung ●	Vorteil
Einraumwohnung ●	Heimchen
Einsatz ●	Aphorismus
Einsatzleiter ●	Dirigent
Einschnitte ●	Kürzungen
Einspruch ●	Monolog
Eisbahn ●	Kühlzug
Eisbecher ●	Kaltschale
Eisbrecher ●	Frühling

Eisdiele	●	Leckstelle
Eisenach	●	Metallseufzer
Eisscholle	●	Gefrierfisch
Eiszapfen	●	Wassersäule
Elferrat	●	Fußballtrainer, Schiedsrichter-kollektiv
Ellipse	●	Kreisausschuss
Energieträger	●	Kohlerost
Entbindungsstation	●	Nachfolgeeinrichtung
Entfaltungs-möglichkeit	●	Gesichtsmassage
Entlassung	●	Betriebsoptimierung, Freisetzung
Entsorgungspark	●	Mülldeponie
Entwicklungshilfe	●	Muttermilch
Erbanlage	●	Testament
Erdkunde	●	Bergmann
Erdumdrehung	●	Gartenarbeit
Erfrischungsge-tränk	●	Kühlwasser
Erholungswesen	●	Kurgast
Erpressung	●	Drucksache
Ersttagsbrief	●	Neujahrspost
Ertragsrückgang	●	Minuswachstum
Erzeugerpreis	●	Alimente

E

Eskimofräulein	Kaltmamsell
Essengeld	Gerichtskosten
Essig	Sauerstoff
Etikettenschwindel	Verbraucher-täuschung
Extratour	Umleitung

F

Fabel	Tierhandlung
Fachblatt	Auslegeware
Fachbuch	Leitwerk
Fächer	Kühlmittel
Fachgruppe	Regal
Fachmann	Regalhersteller
Fachwerk	Schrank
Fahrerhaus	Campinganhänger
Fahrgast	Zugbegleiter
Fahrlehrer	Steuerberater
Fahrplan	Zugzwang
Fahrtenmesser	Tachometer
Fakir	Spitzenkraft, Spitzenreiter
Fallschirm	Schwebstoff, Segeltuch
Fallübung	Deklination

Familienfeier	●	Ahnentafel
Familienlokal	●	Vetternwirtschaft
Farbtupfer	●	Kunstmaler
Fastnacht	●	Abend, Abenddämmerung
Faustrecht	●	Boxreglement
Faustskizze	●	Boxreportage
Federgewicht	●	Bettschwere
Federhalter	●	Indianer, Inlett, Vogel
Federtasche	●	Kissen
Feilspäne	●	Reibeisen
Feldstecher	●	Spaten
Feldzug	●	Rochade
Fensterladen	●	Schaugeschäft, Glaserwerkstatt
Fernrohr	●	Pipeline
Fernseher	●	Starkasten
Fernweh	●	Tropenkrankheit
Fersengeld	●	Fußteilmoneten
Fertigteilbungalow	●	Versandhaus
Festzug	●	Leibriemen
Fettpolster	●	Stossdämpfer
Feuermelder	●	Löschtaste
Feuerprobe	●	Brandschutzübung

F

Feuerwerk	●	Asche, Zündwarenfabrik
Feuerzeug	●	Brennnessel
Finaldesigner	●	Sterbehelfer
Fingerabdruck	●	Handzeichen
Flaschen-annahmestelle	●	Pfandhaus
Flatrate	●	Pauschaltarif
Fleckentferner	●	Reinigungskraft
Fleischklopfer	●	Boxer
Flirt	●	Bedarfsforschung
Flitterwochen	●	Karneval
Flitzbogen	●	Stadionkurve
Flügelmutter	●	Glucke
Flügelschlag	●	Klavierakkord
Flugzeug	●	Pilotenkleidung
Flussmündung	●	Einflusssphäre
Förderband	●	Lehrbuch, Nachwuchskapelle
Formgestalter	●	BH (Büstenhalter)
Formsache	●	Torte
Förster	●	Stammvater
Forsthaus	●	Waldheim
Fortsetzung	●	Nachteil
Fossil	●	Urteil

Fotografie	•	Ansichtssache
Frachtbrief	•	Beförderungs-schreiben
Frauenzimmer	•	Kleiderkammer
Freitag	•	Sonntag
Fruchtfolge	•	Kompott
Frühjahrsputz	•	Glanzleistung
Frühling	•	Eisbrecher
Frühmusik	•	Morgenrock
Frühschicht	•	Morgentau
Frühwarnsystem	•	Radiowecker
Fuchs	•	Bauherr
Fundament	•	Haushalt
Funker	•	Gasanzünder
Fuß	•	Schuhanzieher
Fußballdress	•	Ballkleid
Fußballstadion	•	Pfeifkessel
Fußballtrainer	•	Elferrat
Fußgänger	•	Straßenkreuzer, Schrittmacher
Fußgängerbrücke	•	Übergangs-erscheinung
Fußpfleger	•	Hornist
Fußteilmoneten	•	Fersengeld

F

Futterhäuschen ● Vogelschwarm, Imbissstand

G

Gabelstapler ● Ladegerät

Gage ● Unterhaltungskosten

Gangart ● Laufmasche

Gartenarbeit ● Erdumdrehung

Gartenschloss ● Zoopalast

Gartenzwerg ● Balkonkasten

Gasanzünder ● Funker

Gaststätte ● Oberhaus

Gaststättenwettbewerb ● Oberlauf

Gaststube ● Speiskammer

Gebirgskarte ● Passbild

Gebirgssee ● Hochwasser

Geburtsurkunde ● Wiegendruck

Gedanke ● Haupterzeugnis

Gedankenübertragung ● Unterricht

Geduldsfaden ● Angelschnur, Nerv

Gefängnisbrei ● Baumasse

Gefreiter ● Ehemann

Gefrierfisch	●	Eisscholle
Gegenleib	●	Antikörper
Gegensatz	●	Antwort
Gehirn	●	Zentralorgan
Geldbeutel	●	Pulversack
Geldheirat	●	Scheinehe, Sicherheitsbindung
Geldkarten-kriminalität	●	Datenklau
Geldstreitigkeiten	●	Scheingefechte
Geldtransporter	●	Heuwagen
Gerichtsdiener	●	Kellner
Gerichtskosten	●	Essengeld
Gerichtssaal	●	Speisegaststätte
Gerichtsvollzieher	●	Koch
Geruchs-verschluss	●	Schnupfen
Gesangsbruder	●	Chorknabe
Gesäßfläche	●	Poebene
Geschichte	●	Urkunde
Geschmackssache	●	Aroma
Gesichtsmassage	●	Entfaltungs-möglichkeit
Gespenster	●	Schauerleute
Gesprächsfetzen	●	Unterhaltungs-frühstück

G

Gesprächsleitung	●	Quasselstrippe
Gestrüpp	●	Zweigstelle, Stockwerk
Getreidespeicher	●	Nährboden
Gewächshaus	●	Glashütte
Gewässerbewohner	●	Seewesen
Gewehr	●	Kugelstoßer
Gewehrlauf	●	Biathlon
Gewichtheben	●	Massen-demonstration, Massensport
Gewichtheber	●	Butterkremtorte
Gewichtheberteam	●	Stosstrupp
Gewinnauszahlung	●	Preisgabe
Gewinnstreben	●	Profitgier
Gewitter	●	Hochleistung
Gewitterwochenteil	●	Donnerstag
Gewürzvogel	●	Nelkenstrauß
Glanzleistung	●	Frühjahrsputz
Glaserwerkstatt	●	Fensterladen
Glashütte	●	Gewächshaus
Glatzenbildung	●	Nachwuchs-probleme
Gleichmacherei	●	Schnellreparatur
Gliedbeschwerden	●	Beinleiden

Glucke • Flügelmutter

Gong • Schallplatte

Grenzschranke • Zollstock

Grundkenntnisse • Taucherfahrung

Grundrecht • Pachtvertrag

Grundrente • Basisversorgung

Gummiband • Spannungselement

Gurkenschale • Schuhleder

Gütertrennung • Rangierbahnhof

Güterumschlag • Packpapier

H

Haarschnitt • Bescherung

Habgieriger • Mittelstürmer

Hahn • Hühnerleiter

Haltestelle • Hosenknopf,
Klebefläche

Hand • Tragfläche

Handelsspanne • Ladenöffnungszeit

Handfeuerwaffe • Ohrfeige

Handwerk • Ohrfeige

Handzeichen • Fingerabdruck

Hantel • Stemmeisen

Harke • Rechenstab

H

Harkendefekt	Rechenfehler
Harkenstiel	Rechenschaft
Hauptaufgabe	Rätsel
Hauptausschuss	Blödsinn
Hauptberuf	Kopfarbeit
Hauptbeschäftigung	Kopfrechnen
Hauptdarsteller	Porträtmaler
Haupterzeugnis	Gedanke
Hauptlager	Kopfkissen
Hauptmechaniker	Zahnarzt
Hauptproblem	Kopfschmerz
Hauptrolle	Lockenwickler
Hauptsache	Hut
Hauptsatz	Kopfsprung
Hauptsicherung	Helm
Hausarbeit	Baustelle
Hausaufgabe	Wohnungswechsel
Hausaufsatz	Dach
Hausbar	Buddelkasten, Kornkammer
Hausboot	Raumschiff
Häuserflucht	Landausflug
Hausgemeinschaft	Stadtplan, Wohnsiedlung

Haushalt	Fundament
Hausmacherkost	Bauarbeiterversorgung
Hausordnung	Stadtplan
Haustier	Schnecke
Hebamme	Nachwuchskraft
Heiligenschein	Kopfbogen
Heilkunde	Patient
Heimchen	Einraumwohnung
Heimleiter	Wegweiser
Heimvorteil	Balkon
Heißmangel	Hitzwelle
Heizer	Kohlenanzünder
Hektik	Druckerzeugnis
Helm	Hauptsicherung
Herbarium	Pressearchiv
Herberge	Nachtaufnahme
Herumtreiber	Hütehund
Herzschlag	Brustton
Herztöne	Liebeslied
Heuboden	Wiese
Heuwagen	Geldtransporter
Hexenschuss	Kreuzstich
Himmelbett	Sternenlager

H

Himmelreich	●	Wolkengebiet
Hingucker	●	Blickfang
Hitzewelle	●	Heißmangel
Hochleistung	●	Gewitter
Hochmut	●	Trapezarbeit
Hochstapler	●	Schornsteinmaurer
Hochverrat	●	Wettervorhersage
Hochverräter	●	Meteorologe, Wettersatellit
Hochwasser	●	Übersee, Gebirgssee, Regenwolke
Hochzahl	●	Luftnummer
Hochzeit	●	Ringtausch
Hoheitszeichen	●	Krone
Höhenzug	●	Bergbahn, Skilift, Schwebebahn
Höhlentier	●	Baulöwe
Hohlkörper	●	Leergut
Hohlweg	●	Tunnel
Holzfäller	●	Stammpersonal
Hometrainer	●	Schweißgerät
Hornist	●	Fußpfleger
Hörsaal	●	Musikhalle
Hosenknopf	●	Haltestelle

H

Hühnerleiter	• Hahn
Hundehütte	• Tierhaus
Hundemutter	• Dogma
Hundezwinger	• Beißkorb
Hut	• Hauptsache
Hütehund	• Herumtreiber

I

Iglus	• Nordhäuser
Imbissstand	• Futterhäuschen
Impftermin	• Stichtag
Inaugenschein-nahme	• Ortstermin
Inbesitznahme	• Aneignung
Indianer	• Federhalter
Inlett	• Federhalter
Invalidenrente	• Schonbezug
Ischias	• Kreuzstich

J

Jagdausflug	• Schussfahrt
Jagdgesetz	• Anstandsregel
Jagdprämie	• Schießpulver
Jäger	• Wildfang

J

Jahresring	● Wachsschicht
Jogging	● Laufmasche
Jugendtanz	● Wackelkontakt
Juristenball	● Richtfest

K

Kaffeestrauch	● Bohnenkraut
Kalender	● Tagesordnung, Zeitdruck
Kaltmamsell	● Eskimofräulein
Kaltschale	● Pelzmantel, Eisbecher
Kaltwelle	● Lockmittel
Kampfrichter	● Spannungsregler
Karawanenstraße	● Durststrecke
Karies	● Naschwerk
Karneval	● Flitterwochen
Karrierekurs	● Überholspur
Kassenbon	● Zifferblatt
Kassenschlager	● Bockbuster
Kassette	● Leierkasten
Katzenjammer	● Tierlaut
Keilkissen	● Boxhandschuhe
Keilschrift	● Schlagzeile

Kellner	•	Platzanweiser, Tischläufer, Gerichtsdiener
Kellnerausbilder	•	Oberlehrer
Kellnerfrack	•	Oberbekleidung
Kellnerrevier	•	Oberfläche
Kellnersprache	•	Oberstimme
Kiefernschonung	•	Altstoffsammlung
Kiesgrube	•	Banktresor
Kinderwagen	•	Spielzeugauto
Kirmes	•	Marktwirtschaft
Kissen	•	Federtasche
Kissenbezug	•	Kopfwäsche
Klangkörper	•	Bauchredner
Klassefrau	•	Lehrerin
Klassenbuch	•	Notenheft
Klassentreffen	•	Pokalspiele
Klavierakkord	•	Flügelschlag
Klavierspiel	•	Akkordarbeit
Klavierstück	•	Taste
Klebefläche	•	Haltestelle
Kleiderkammer	•	Frauenzimmer
Kleinbahn	•	Winkelzug
Kleinbürger	•	Liliputaner

K

Kleinholz	Leistenbruch
Kleinrechner	ABC-Schütze
Kleinstfernseher	Telegramm
Klempnerbrigade	Leitungskollektiv
Klettergerüst	Spalier
Klimmzug	Bergbahn
Klingelknopf	Druckstelle
Klingelzug	Bimmelbahn
Knüppeldamm	Stockwerk
Koch	Gerichtsvollzieher
Kohlenanzünder	Heizer
Kohlerost	Energieträger
Kokainschmuggler	Schneeschieber
Komposition	Akkordarbeit
Kompostabnehmer	Bodenkunde
Kompott	Fruchtfolge
Konservendose	Verschlusssache
Kontaktlinsen	Arbeitsessen
Kontoauszug	Armutszeugnis, Mittelstreifen
Kooperationsrat	Überlandleitung
Kopfarbeit	Hauptbeschäftigung
Kopfbogen	Heiligenschein

Kopfkissen	●	Rübenlager, Hauptlager
Kopierschutz	●	Bildschirm
Kopfmassage	●	Nachwuchsförderung
Kopfrechnen	●	Hauptbeschäftigung
Kopfschmerz	●	Hauptproblem
Kopfsprung	●	Hauptsatz
Kopfwäsche	●	Kissenbezug
Kornkammer	●	Hausbar
Kosmetik	●	Augentrost
Kosmetiksalon	●	Schichtbetrieb
Kosmonauten-gruppe	●	Aufstiegsrunde
Kostbar	●	Probiertheke
Krabbelei	●	Krebszucht
Kraftbrühe	●	Benzin
Kraftfahrer	●	Steuerangestellter
Kraftfleisch	●	Muskelpaket
Kraftwerk	●	Stärkefabrik
Kraftwerker	●	Schwerathlet
Krankengeld	●	Niespulver
Krankengeschichte	●	Lagebericht
Krankenpfleger	●	Leibwache
Krankenträger	●	Leidtragender

K

Kranker	●	Leidwesen
Krebszucht	●	Krabbelei
Kredit	●	Auslegware
Kreditinstitut	●	Pumpstation
Kreisausschuss	●	Ellipse
Kreisland-wirtschaftsrat	●	Überlandleitung
Kreisverkehr	●	Rundreise
Kreuzstich	●	Hexenschuss, Ischias
Kreuzzug	●	Rückenschmerz
Krimi	●	Strafhandlung
Krimi-Kritiker	●	Spannungsprüfer
Krone	●	Hoheitszeichen
Kuchenblech	●	Tortenschaufel
Kuchenregal	●	Backbord
Kugelstoßer	●	Gewehr
Kühlmittel	●	Fächer
Kühlwasser	●	Erfrischungsgetränk
Kühlzug	●	Eisbahn
Kulisse	●	Bühnenstück
Kummerkasten	●	Notkoffer
Kundendienst	●	Nachrichtenagentur
Kündigung	●	Arbeitsaufgabe

K

Kunstmaler	•	Farbtupfer
Kunstwerk	•	Atelier
Kurgast	•	Erholungswesen
Kursbuch	•	Wanderführer
Kurzschluss	•	Pointe
Kürzungen	•	Einschnitte
Kurzzeitwecker	•	Mokka
Küssen	•	Lieblings-beschäftigung

L

Ladegerät	•	Gabelstapler
Ladehemmung	•	Leerfahrt
Ladenhüter	•	Bestandteil
Ladenöffnungszeit	•	Handelsspanne
Lagebericht	•	Krankengeschichte
Lagerbier	•	Schlaftrunk
Lagerhalle	•	Schlafsaal
Lagerraum	•	Schlafzimmer
Lampe	•	Nachtwandler
Landausflug	•	Häuserflucht
Landbote	•	Diplomat
Landgang	•	Straße
Landsitz	•	Melkschemel

L

Landwirtschaft	●	Dorfkneipe
Lärmschutz	●	Schallmauer
Larvenstadium	●	Maskerade
Lasterhöhle	●	Autotunnel
Laufmasche	●	Gangart, Jogging
Laufzettel	●	Meilenpass
Lauschangriff	●	Raumüberwachung
Lava	●	Rinnstein
Lawine	●	Massensturz
Leckstelle	●	Eisdiele
Leerfahrt	●	Ladehemmung
Leergut	●	Hohlkörper
Lehmposition	●	Tonlage
Lehrbuch	●	Förderband
Lehrerin	●	Klassefrau
Lehrkörper	●	Aktmodell
Leibeigenschaft	●	Charakter
Leibgericht	●	Ärztekommission
Leibriemen	●	Festzug
Leibwache	●	Krankenpfleger
Leibwächter	●	Arzt
Leibwäsche	●	Vollbad
Leidtragender	●	Krankenträger

Leidwesen	•	Kranker
Leierkasten	•	Kassette
Leinwandheld	•	Dauerzelter
Leistenbruch	•	Kleinholz
Leistungsträger	•	Besserverdienender
Leitungskollektiv	•	Klempnerbrigade
Leitwerk	•	Fachbuch
Lendenwirbel	•	Bauchtanz
Leumund	•	Löwenmaul
Lichtpause	•	Nachtruhe
Lichtshow	•	Blendwerk
Liebeslied	•	Herztöne
Lieblings- beschäftigung	•	Küssen
Liliputaner	•	Kleinbürger
Limonade	•	Süßwasser
Lippe	•	Vormund
Lockenwickler	•	Damenfrisör, Hauptrolle
Lockmittel	•	Kaltwelle
Lokalseite	•	Speisekarte
Lorbeerblatt	•	Ehrenurkunde
Löschblatt	•	Brandschutz- verordnung
Löschtaste	•	Feuermelder

L

Lösegeld	Rätselpreis
Lösungsmittel	Rechenstab
Lottoannahme	Wetterdienst
Löwenmaul	Leumund
Luftaufnahme	Atmung
Luftfracht	Windbeutel
Luftnummer	Hochzahl
Luftschiff	Schlauchboot
Luftsprung	Windbruch
Luftzug	Schwebebahn
Lüge	Schwindelanfall
Lumpensammlung	Verbrecherkartei
Lunge	Rauchfang

M

Machwerk	Überschallflugzeug
Mannequin	Rockstar
Manuskript	Vorschrift
Markenartikel	Postwertzeichen
Markenzeichen	Poststempel
Markstück	Brandenburg
Marktwirtschaft	Kirmes
Maschendraht	Stricknadel

Maserung	• Stammeszeichen
Maskerade	• Larvenstadium
Massen-demonstration	• Gewichtheben
Massensport	• Gewichtheben
Massensturz	• Lawine
Maßnahme	• Anprobe, Umtrunk
Maßtabelle	• Bierrechnung
Mästerei	• Wachsfabrik
Mastkorb	• Picknickkoffer, Viehfuttertransport-mittel
Mauerblümchen	• Wandschmuck
Maurer	• Putzmacher
Mausefalle	• Diebstahlsicherung
Meilenkomitee	• Wanderstab
Meilenpass	• Laufzettel
Melkschemel	• Landsitz
Metallseufzer	• Eisenach
Meteoritenabsturz	• Allgemeinheit
Messer	• Streichinstrument
Meteorologe	• Hochverräter
Minuswachstum	• Ertagsrückgang
Mischpult	• Bartheke, Theke

M

Misserfolg	•	Damensieg
Mittelstand	•	Bankauszug
Mittelstreifen	•	Kontoauszug
Mittelstürmer	•	Habgieriger
Modellbauer	•	Musterlandwirt
Modetorheit	•	Stoffwechsel- krankheit
Mokka	•	Kurzzeitwecker
Monolith	•	Einbildung
Monolog	•	Einspruch
Morgengrauen	•	Weckruf
Morgenrock	•	Frühmusik
Morgentau	•	Frühschicht
Motor	•	Antreiber
Müdigkeit	•	Schlafanzug
Mülldeponie	•	Entsorgungspark
Museumsexponat	•	Ansichtssache
Musikerhonorar	•	Akkordlohn
Musikhalle	•	Hörsaal
Muskelpaket	•	Kraftfleisch
Musterlandwirt	•	Modellbauer
Muttermilch	•	Entwicklungshilfe

N

Nachbarsprung	● Nebensatz
Nachtaufnahme	● Herberge
Nachfolge-einrichtung	● Entbindungsstation
Nachlasspfleger	● Rabattmarken-sammler
Nachrichtenagentur	● Kundendienst
Nachtruhe	● Lichtpause
Nachteil	● Fortsetzung
Nachthemd	● Abendanzug
Nachtwandler	● Lampe
Nachwort	● Spätlese
Nachwuchs-förderung	● Kopfmassage
Nachwuchskapelle	● Förderband
Nachwuchskraft	● Hebamme
Nachwuchs-probleme	● Glatzenbildung
Nährboden	● Getreidespeicher
Nahtstelle	● Reißverschluss
Naschwerk	● Karies
Navigationsgerät	● Steuerberater
Nebenfluss	● Stromabnehmer
Nebensatz	● Nachbarsprung

N

Negativ	•	Abziehbild
Nelkenstrauß	•	Gewürzvogel
Nerv	•	Geduldsfaden
Nervtöter	•	Zahnarzt
Netzwerk	•	Seilschaft
Neujahrspost	•	Ersttagsbrief
Neuerervergütung	•	Denkvermögen
Niederschlags-neigung	•	Boxen
Niedrigwasser	•	Schwachstrom
Niespulver	•	Krankengeld
Niete	•	Tippfehler
Nordhäuser	•	Iglus
Notenheft	•	Tonband, Klassenbuch
Notizblatt	•	Denkzettel
Notkoffer	•	Kummerkasten
Nudeln	•	Eierteigwaren
Nullwachstum	•	Stillstand
Nummerngirl	•	Preisrichterin
Nummern-nachtlokal	•	Zahlbar

O

Oberbefehl	•	Bedienungsorder
Oberbekleidung	•	Kellnerfrack

O

Oberfläche	●	Kellnerrevier
Oberhaus	●	Gaststätte
Oberlauf	●	Gaststätten-wettbewerb
Oberlehrer	●	Kellnerausbilder
Oberleitung	●	Regierung
Oberlicht	●	Sonne
Oberstimme	●	Kellnersprache
Oberteil	●	Tablett
Obstfäule	●	Apfelschimmel
Ohrfeige	●	Handfeuerwaffe, Handwerk
Operationsnarbe	●	Schnittmuster
Orchestergraben	●	Tongrube
Orden	●	Achtungszeichen, Bandscheibe
Ornament	●	Stilblüte
Ortstermin	●	Inaugenscheinnahme

P

Pachtvertrag	●	Grundrecht
Packpapier	●	Güterumschlag
Papierkrieg	●	Bogenschießen
Papierschlange	●	Bücherwurm
Pappteller	●	Speisekarte

P

Paprika ●	Brandstifter
Parfüm ●	Lockmittel, Reizgas
Parkplatz ●	Abstellraum
Passbild ●	Gebirgskarte
Patient ●	Heilkunde
Pauschaltarif ●	Flatrate
Pausensignal ●	Rauchzeichen
Pelzmantel ●	Kaltschale
Pfandhaus ●	Flaschenannahmestelle
Pfeifkessel ●	Fußballstadion
Pflegeanleitung ●	Warteliste
Pflichtprogramm ●	Zwangsvorstellung
Pflugschar ●	Traktoristenbrigade
Picknickkoffer ●	Mastkorb
Pilotenkleidung ●	Flugzeug
Pinzette ●	Zupfinstrument
Pipeline ●	Fernrohr
Pistolenschützin ●	Ballerina
Planerfüllung ●	Wunschprogramm
Platzanweiser ●	Kellner
Poebene ●	Gesäßfläche
Pointe ●	Kurzschluss

Politikflaute	●	Sommerloch
Pokalspiele	●	Klassentreffen
Polsterer	●	Weichmacher, Bezugsperson
Porträtmaler	●	Hauptdarsteller
Posaunist	●	Schmetterling
Posteingang	●	Briefkastenschlitz
Poststempel	●	Markenzeichen
Postwertzeichen	●	Markenartikel
Prachtstraße	●	Schönheitspflaster
Preisgabe	●	Gewinnauszahlung
Preisrichterin	●	Nummerngirl
Preisstufe	●	Siegerpodest
Pressearchiv	●	Herbarium
Privatbäckerei	●	Eigenbrötler
Probiertheke	●	Kostbar
Profitgier	●	Gewinnstreben
Promenaden-mischung	●	Straßenkreuzung
Prozentsatz	●	Schnapsrest
Pulverkammer	●	Banktresor
Pulversack	●	Geldbeutel
Pumpstation	●	Kreditinstitut
Pustekuchen	●	Windbeutel

P

Putzmacher	●	Maurer
Pyramide	●	Treppenhaus

Q

Qualitätsstufe	●	Siegerpodest
Quasselstrippe	●	Gesprächsleitung
Quelle	●	Stromversorgung

R

Rabattmarken-sammler	●	Nachlasspfleger
Radfahrer-bekleidung	●	Strampelanzug
Radiowecker	●	Frühwarnsystem
Radlager	●	Storchennest
Randgruppe	●	Außenbande
Rangierbahnhof	●	Gütertrennung
Rasenlatscher	●	Wegbereiter
Rätsel	●	Hauptaufgabe
Rätselecke	●	Bermudadreieck
Rätselpreis	●	Lösegeld
Rauchanzug	●	Smokingjacke
Rauchfang	●	Lunge, Zigarettenfilter
Rauchsäule	●	Schornstein
Rauchzeichen	●	Pausensignal

R

Raumschiff	Hausboot
Raumteiler	Untermieter
Raumtransporter	Teewagen
Raumüberwachung	Lauschangriff
Rauschmittel	Wasserfall
Rausschmeißer	Vulkan
Rechenfehler	Harkendefekt
Rechenschaft	Harkenstiel
Rechenstab	Lösungsmittel, Harke
Redensart	Vortragsweise
Redewendung	Echo
Regal	Fachgruppe
Regalhersteller	Fachmann
Regenschirm	Tropfenfänger
Regenwolke	Hochwasser
Regenwurm	Blindgänger
Regierung	Oberleitung
Reibeisen	Feilspäne
Reifenwechsel	Ringtausch
Reinigungskosten	Waschpulver
Reinigungskraft	Fleckentferner
Reisedokument	Fahrerlaubnis

R

Reisewecker	•	Schlafwagen-schaffner
Reißverschluss	•	Nahtstelle
Reitpferd	•	Sattelschlepper
Rennkurier	•	Wetterbericht
Rennsteig	•	Aschenbahn
Rentierherde	•	Seniorengruppe
Rezeption	•	Apotheke
Rheuma	•	Zugfolge
Richtfest	•	Juristenball
Richtlinie	•	Urteilsvollstreckungs-strich
Richtungs-änderung	•	Abkommen
Ringkämpfer	•	Sportschütze
Ringrichter	•	Trauzeuge
Ringtausch	•	Reifenwechsel, Hochzeit
Rinnstein	•	Lava
Ritter	•	Schildbürger
Ritterturnier	•	Stoßgeschäft
Rochade	•	Feldzug
Rockstar	•	Mannequin
Rohrbruch	•	Verlustquelle
Romanfabel	•	Buchhandlung

R

Rübenlager	•	Kopfkissen
Rückbau	•	Abriss
Rucksack-verpflegung	•	Taschenfutter
Rückenschmerz	•	Kreuzzug
Rückführung	•	Ausweisung
Rücksicht	•	Verschiebebetrachtungsweise
Ruhekissen	•	Altenteil
Rundgesang	•	Wanderlied
Rundreise	•	Kreisverkehr
Rundumleuchte	•	Universalgenie
Ruhestand	•	Stillpause

S

Sachzwang	•	Denkverbot
Salto	•	Überfall
Sattelschlepper	•	Stallbursche, Reitpferd
Sauerstoff	•	Essig, Zitronensaft
Sauna	•	Schwitzkasten
Schachcomputer	•	Zugmaschine
Schachspieler	•	Bauernführer
Schaffner	•	Zugkraft
Schallmauer	•	Lärmschutz

S

Schallplatte	●	Drehscheibe, Gong
Schankwirt	●	Blumenverkäufer
Scharfmacher	●	Scherenschleifer
Schatten	●	Begleiterscheinung
Schattenwirtschaft	●	Schwarzarbeit
Schauergeschichte	●	Wetterbericht
Schauerleute	●	Gespenster
Schaugeschäft	●	Fensterladen
Schaumstoff	●	Badezusatz
Schauplatz	●	Theatersessel
Scheidemünze	●	Trennungsgeld
Scheidung	●	Eheschließung
Scheinangriff	●	Banküberfall
Scheinehe	●	Geldheirat
Scheingefechte	●	Geldstreitigkeiten
Scheinlösung	●	Schmiergeld
Scheinwerfer	●	Blendwerk, Datschenbauer
Scherenschleifer	●	Scharfmacher
Scherzartikel	●	Zeitungsglosse
Schichtbetrieb	●	Kosmetiksalon
Schiedsrichter-kollektiv	●	Elferrat
Schießpulver	●	Jagdprämie

Schießscheibe	●	Treffpunkt
Schiffssirene	●	Wasserpfeife
Schildbürger	●	Ritter
Schlafanzug	●	Müdigkeit
Schlafsaal	●	Lagerhalle
Schlafstörung	●	Weckruf
Schlaftrunk	●	Lagerbier
Schlafversuch	●	Anliegen
Schlafwagen	●	Schlummerrolle, Traumgefährt
Schlafwagen- schaffner	●	Traumberuf, Reisewecker
Schlafzimmer	●	Lagerraum
Schlagzeile	●	Keilschrift
Schlagzeug	●	Tuschkasten
Schlagzeug	●	Boxhandschuhe
Schlauchboot	●	Luftschiff
Schlecht- wetterbeginn	●	Tiefstart
Schleuderpreis	●	Diskusmedaille
Schleuse	●	Stromregler
Schlummerrolle	●	Schlafwagen
Schlussbeifall	●	Abklatsch
Schlüssel	●	Bartträger
Schlussleuchte	●	Abglanz

S

Schlusslicht	•	Abendsonne
Schmelzwasser	•	Zahnspülmittel
Schmetterling	•	Posaunist, Trompeter
Schmiergeld	•	Scheinlösung
Schnapsrest	•	Prozentsatz
Schnecke	•	Haustier
Schneeschieber	•	Kokainschmuggler
Schnellreparatur	•	Gleichmacherei
Schnellzug	•	Blitzschach
Schnittmuster	•	Operationsnarbe
Schnupfen	•	Geruchsverschluss
Schnürsenkel	•	Bindemittel
Schonbezug	•	Invalidenrente, Spareinlage
Schönheitspflaster	•	Prachtstraße
Schornstein	•	Rauchsäule
Schornsteinmaurer	•	Hochstapler
Schrank	•	Fachwerk
Schriftsteller	•	Setzer
Schrittmacher	•	Fußgänger
Schuhanzieher	•	Fuß
Schuhleder	•	Gurkenschale
Schuhverkauf	•	Stiefelabsatz

Schuhwerk	•	Blase
Schuldgefühl	•	Wechselwirkung
Schussfahrt	•	Jagdausflug
Schützenhilfe	•	Visier
Schwachstrom	•	Niedrigwasser
Schwebebahn	•	Höhenzug, Luftzug
Schwebstoff	•	Fallschirm
Schweißgerät	•	Hometrainer
Schwenkbereich	•	Tanzfläche
Schwerathlet	•	Kraftwerker
Schwimmhaut	•	Taucheranzug
Schwindelanfall	•	Lüge
Schwitzkasten	•	Sauna
Seegang	•	Strandpromenade
Seemannsknoten	•	Strickmuster
Seewesen	•	Gewässerbewohner
Segeltuch	•	Fallschirm
Seilschaft	•	Netzwerk
Seitensprung	•	Buchteilschaden
Selbstversorger	•	Alleinunterhalter
Sendepause	•	Stillzeit
Seniorengruppe	•	Rentierherde
Setzer	•	Schriftsteller

S

Sicherheitsbindung	●	Geldheirat
Siegerpodest	●	Qualitätsstufe, Preisstufe
Singvogel	●	Tontaube
Skatspieler	●	Unterhalter, Unternehmer
Skilift	●	Höhenzug
Skizze	●	Vorbild
Smokingjacke	●	Rauchanzug
Söckchen	●	Sparstrumpf
Sofortzahlung	●	Barkasse
Sommerloch	●	Politikflaute
Sommersitz	●	Campingstuhl
Sonne	●	Oberlicht
Sonnenaufgang	●	Tauende
Sonnenöl	●	Brandschutzhelfer
Sonntag	●	Freitag
Spalier	●	Klettergerüst
Spannungselement	●	Gummiband
Spannungsprüfer	●	Krimi-Kritiker
Spannungsregler	●	Eheberater, Kampfrichter
Sparbüchse	●	Steckdose
Spareinlage	●	Schonbezug

Sparkasse	●	Anlegestelle
Sparstrumpf	●	Söckchen
Spaten	●	Feldstecher
Spätlese	●	Nachwort
Spaziergang	●	Zimmerflucht
Speer	●	Stoßstange
Speisegaststätte	●	Gerichtssaal
Speisekammer	●	Gaststube
Speisekarte	●	Lokalseite, Pappteller
Sperrholz	●	Bahnschranke, Wehr
Spielzeugauto	●	Kinderwagen
Spirituosen	●	Barmittel
Spitzen-belastungszeit	●	Ballettabend
Spitzendreher	●	Wetterhahn
Spitzengehalt	●	Übereinkommen
Spitzenkraft	●	Fakir
Spitzenorchester	●	Bergkapelle
Spitzenreiter	●	Fakir
Sporthalle	●	Ballhaus
Sportplatz	●	Beweggrund
Sportschütze	●	Ringkämpfer
Sprücheklopfer	●	Steinmetz

S

Stadionkurve	●	Flitzbogen
Stadtplan	●	Hausordnung, Hausgemeinschaft
Stallbursche	●	Sattelschlepper
Stammessen	●	Baumkuchen
Stammeszeichen	●	Maserung
Stammgast	●	Urkunde
Stammhaus	●	Blockhütte
Stammpersonal	●	Holzfäller
Stammvater	●	Förster
Standgericht	●	Bockwurst
Standpunkt	●	Bushaltestelle
Starkasten	●	Fernseher
Stärkefabrik	●	Kraftwerk
Startloch	●	Zündschloss
Staudamm	●	Stromsperre, Stromregler, Straßensperre
Steckdose	●	Sparbüchse
Stehleiter	●	Dirigent
Steigleitung	●	Bergführer
Steinmetz	●	Sprücheklopfer
Steinsetzer	●	Damespieler
Stellungnahme	●	Berufswahl

Stemmeisen	•	Hantel
Sterbehelfer	•	Finaldesigner
Sternenlager	•	Himmelbett
Sternstunde	•	Astronomieunterricht
Steuerangestellter	•	Kraftfahrer
Steuerberater	•	Fahrlehrer, Navigationsgerät
Stichtag	•	Impftermin
Stiefelabsatz	•	Schuhverkauf
Stilblüte	•	Ornament
Stillpause	•	Ruhezustand
Stillstand	•	Nullwachstum
Stillzeit	•	Sendepause
Stippvisite	•	Anglerausflug
Stockwerk	•	Gestrüpp, Knüppeldamm
Stoffprobe	•	Tuchfühlung
Stoffwechsel- krankheit	•	Modetorheit
Stomatologe	•	Zahnstocher
Stoppschild	•	Anhaltspunkt
Storchennest	•	Radlager
Stoßdämpfer	•	Fettpolster
Stoßgeschäft	•	Ritterturnier
Stoßstange	•	Speer

S

Stoßtrupp	•	Gewichtheberteam
Strafhandlung	•	Krimi
Strampelanzug	•	Radfahrer- bekleidung
Strand	•	Wellenbereich
Strandlokal	•	Wasserwirtschaft
Strandpromenade	•	Seegang
Straße	•	Landgang
Straßenkreuzer	•	Fußgänger, Wegegeld
Straßenkreuzung	•	Promenaden- mischung
Straßensperre	•	Staudamm
Streichinstrument	•	Messer
Strickmuster	•	Seemannsknoten
Stricknadel	•	Maschendraht
Stromabnehmer	•	Nebenfluss
Stromregler	•	Schleuse, Staudamm
Stromsperre	•	Staudamm, Wehr
Stromversorgung	•	Quelle
Stuhl	•	Untersetzer
Sturmschaden	•	Windjammer
Sturmwarnung	•	Zugansage
Sturzbach	•	Unfallquelle

S

Supermarkt	•	Tankstelle
Süßwasser	•	Bonbonregen, Limonade
Synchronsprecher	•	Überredungskünstler

T

Tablett	•	Oberteil
Tabu	•	Denkverbot
Tachometer	•	Fahrtenmesser
Tagebuch	•	Terminkalender
Tagesordnung	•	Kalender
Talent	•	Übergabe
Tankstelle	•	Supermarkt
Tannhäuser	•	Blockhütten
Tanzfläche	•	Schwenkbereich
Taschenfutter	•	Rucksackverpflegung
Taschenlampe	•	Büchsenlicht
Taschenrechner	•	Zahlbox
Taste	•	Klavierstück
Tatort	•	Arbeitsplatz
Tatsachen	•	Berufsbekleidung
Taucheranzug	•	Schwimmhaut
Taucherfahrung	•	Grundkenntnisse
Taucherglocke	•	Wasseruhr

T

Tauende	•	Sonnenaufgang
Teamchef	•	Zugführer
Teewagen	•	Raumtransporter
Telegramm	•	Kleinstfernseher
Temperatur-umschlag	•	Wadenwickel
Terminkalender	•	Tagebuch
Testament	•	Erbanlage
Textilverkäuferin	•	Anziehungskraft
Theatersessel	•	Schauplatz
Theke	•	Mischpult
Tiefstart	•	Schlechtwetterbeginn
Tierhandlung	•	Fabel
Tierhaus	•	Hundehütte
Tierlaut	•	Katzenjammer
Tippfehler	•	Niete
Tippschein	•	Wetterprognose
Tischläufer	•	Kellner
Tonband	•	Notenheft
Tonlage		Lehmposition
Tongrube	•	Orchestergraben
Tonleiter	•	Dirigent
Tonstudio	•	Töpferwerkstatt
Tontaube	•	Singvogel

Töpferwerkstatt	●	Tonstudio
Torte	●	Formsache
Tortenschaufel	●	Kuchenblech
Touristik	●	Weltanschauung
Tragfläche	●	Hand
Tragödie	●	Weinhandlung
Traktoristen-brigade	●	Pflugschar
Tränen	●	Weichmacher
Tränengas	●	Weindunst
Trapezarbeit	●	Hochmut
Traumberuf	●	Schlafwagen-schaffner
Traumgefährt	●	Schlafwagen
Traumzustand	●	Dämmerung
Trauzeuge	●	Ringrichter
Treffpunkt	●	Schießscheibe, Zielscheibe
Treibhaus	●	Vergrößerungsglas
Treibstoff	●	Dünger
Trennungsgeld	●	Scheidemünze
Treppenhaus	●	Pyramide
treuherzig	●	blauäugig
Trinkgeld	●	Alkoholgehalt
Trockengebiet	●	Wäscheplatz

T

Trompeter	•	Schmetterling
Tropenkrankheit	•	Fernweh
Tropfenfänger	•	Regenschirm
Trostpflaster	•	Umleitungsstrecke
Tuchfühlung	•	Stoffprobe
Tunnel	•	Hohlweg
Türschloss	•	Ausgangssperre
Tuschkasten	•	Schlagzeug

U

Übereinkommen	•	Spitzengehalt
Überfall	•	Salto
Übergabe	•	Talent
Übergangs-erscheinung	•	Fußgängerbrücke
Übergangslösung	•	Brücke
Überholspur	•	Karrierekurs
Überlandleitung	•	Kooperationsrat
Überlandleitung	•	Kreisland-wirtschaftsrat
Überredungs-künstler	•	Synchronsprecher
Überschallflugzeug	•	Machwerk
Überschwemmung	•	Wasserwerk
Übersee	•	Hochwasser

Übersicht	●	Weitblick
Überzeugungstäter	●	Drillingsvater
Uhrendieb	●	Zeitraffer
Uhrgehäuse	●	Zwiebelschale
Uhrglas	●	Zwiebelscheibe
Umfragetief	●	Politikflaute
Umleitung	●	Extratour
Umleitungsstrecke	●	Trostpflaster
Umtrunk	●	Maßnahme
Unfallquelle	●	Sturzbach
Unikat	●	Eindruck
Universalgenie	●	Rundumleuchte
Unterhalter	●	Skatspieler
Unterhaltungs- frühstück	●	Gesprächsfetzen
Unterhaltungs- kosten	●	Gage
Untermiete	●	Zwischenpacht
Untermieter	●	Raumteiler
Unternehmer	●	Skatspieler
Unterricht	●	Gedanken- übertragung
Untersetzer	●	Stuhl
Urheber	●	Archäologe

U

Urkunde	•	Geschichte, Stammgast
Urlaub	•	Blattknospe
Urlaubsgruß	•	Wetterkarte
Urteil	•	Fossil
Urteilsvoll-streckungsstrich	•	Richtlinie

V

Verbotsmaß	•	Bannmeile
Verbandskasten	•	Vereinskasse
Verbrecherkartei	•	Lumpensammlung
Verbundnetz	•	Brautschleicher
Vereinskasse	•	Verbandskasten
Vergrößerungsglas	•	Treibhaus
Verkehrsschulung	•	Zeichenunterricht
Verleger	•	Druckposten
Verlustquelle	•	Rohrbruch
Verpackung	•	Warenumschlag
Versandhaus	•	Fertigteilbungalow
Verschiebbetrach-tungsweise	•	Rücksicht
Verschlusssache	•	Konservendose
Verschüttung	•	Zufall
Versteigerung	•	Beatveranstaltung

V

Vetternwirtschaft	●	Familienlokal
Viehfutter-transportmittel		Mastkorb
Visier	●	Schützenhilfe
Vogel	●	Federhalter
Vogelschwarm	●	Futterhäuschen, Wurm
Vollbad	●	Leibwäsche
Volltreffer	●	Backpfeife
Voraussetzung	●	Wetteinsatz
Vorbild	●	Skizze
Vormund	●	Lippe
Vortragsweise	●	Redensart
Vorschrift	●	Manuskript
Vorspann	●	Büstenhalter
Vorteil	●	Einleitung
Vulkan	●	Rausschmeißer

W

Wachsfabrik	●	Mästerei
Wachsschicht	●	Jahresring
Wackelkontakt	●	Jugendtanz
Wadenwickel	●	Temperatur-umschlag
Wahrzeichen	●	Eid

W

Waldheim	•	Forsthaus
Wandelhalle	•	Wechselraum
Wanderführer	•	Kursbuch
Wanderlied	•	Rundgesang
Wanderstab	•	Meilenkomitee
Wandschmuck	•	Mauerblümchen
Warenumschlag	•	Verpackung
Warteliste	•	Pflegeanleitung
Warteraum	•	Ampelkreuzung
Wäscheplatz	•	Trockengebiet
Waschpulver	•	Reinigungskosten
Wasserfall	•	Rauschmittel
Wasserpfeife	•	Schiffssirene
Wassersäule	•	Eiszapfen
Wasserscheide	•	Delta
Wasserstrahl	•	Druckerzeugnis
Wassertreter	•	Bachstelze, Badelatschen
Wasseruhr	•	Taucherglocke
Wasserwaage	•	Ebenholz
Wasserwerk	•	Überschwemmung
Wasserwirtschaft	•	Strandlokal
Wechselraum	•	Wandelhalle

Wechselwirkung	●	Schuldgefühl
Weckruf	●	Schlafstörung, Morgengrauen
Wegbereiter	●	Rasenlatscher
Wegegeld	●	Straßenkreuzer
Wegweiser	●	Zeichenbrett
Wegweiser	●	Heimleiter
Wehr	●	Stromsperre, Sperrholz
Weichmacher	●	Polsterer, Tränen
Weindunst	●	Tränengas
Weinhandlung	●	Tragödie
Weinkeller	●	Burgverlies
Weitblick	●	Übersicht
Wellenbereich	●	Strand
Weltanschauung	●	Touristik
Werkstück	●	Betriebsteil
Wetteinsatz	●	Voraussetzung
Wetterbericht	●	Rennkurier, Schauergeschichte
Wetterdienst	●	Lottoannahme
Wetterhahn	●	Spitzendreher
Wetterkarte	●	Urlaubsgruß
Wetterprognose	●	Tippschein
Wettersatellit	●	Hochverräter

W

Wettervorhersage	•	Hochverrat
Wiegendruck	•	Geburtsurkunde
Wiese	•	Heuboden
Wildfang	•	Jäger
Windbeutel	•	Pustekuchen, Luftfracht
Windbruch	•	Luftsprung
Windhose	•	Wirbelsäule
Windjammer	•	Sturmschaden
Winkelzug	•	Kleinbahn
Wirbelsäule	•	Windhose
Wohnraummangel	•	Baugrund
Wohnsiedlung	•	Hausgemeinschaft
Wohnungswechsel	•	Hausaufgabe
Wolkengebiet	•	Himmelreich
Wortführer	•	Duden
Wunschprogramm	•	Planerfüllung
Wurm	•	Vogelschwarm

Z

Zahlbar	•	Nummernnachtlokal
Zahlbox	•	Taschenrechner
Zahnarzt	•	Nervtöter, Hauptmechaniker, Höhlenforscher, Ziehungsleiter
Zahnlücke	•	Ziehungsergebnis
Zahnspülmittel	•	Schmelzwasser
Zahnstocher	•	Stomatologe
Zeichenbrett	•	Wegweiser
Zeichengerät	•	Ampel
Zeichenunterricht	•	Verkehrsschulung
Zeitdruck	•	Kalender
Zeitraffer	•	Uhrendieb
Zeitungsglosse	•	Scherzartikel
Zeitungskritik	•	Blattschuss
Zeitungsstapel	•	Druckposten
Zentralorgan	•	Gehirn
Zeltplatzleiter	•	Campingführer
Ziehungsergebnis	•	Zahnlücke
Ziehungsleiter	•	Zahnarzt
Zielscheibe	•	Treffpunkt

Z

Zifferblatt	●	Kassenbon
Zigarettenfilter	●	Rauchfang
Zigarettenkippe	●	Cabinetstückchen
Zimmerflucht	●	Spaziergang
Zimmermädchen	●	Bezugsperson
Zitronenpresse	●	Ausdrucksform
Zitronensaft	●	Sauerstoff
Zollstock	●	Grenzschranke
Zoopalast	●	Gartenschloss
Zufall	●	Verschüttung
Zugansage	●	Sturmwarnung
Zugbegleiter	●	Fahrgast
Zugfolge	●	Rheuma
Zugführer	●	Teamchef
Zugkraft	●	Schaffner
Zugmaschine	●	Schachcomputer
Zugzwang	●	Dienstreise
Zugzwang	●	Fahrplan
Zündschloss	●	Startloch
Zündwarenfabrik	●	Feuerwerk
Zupfinstrument	●	Pinzette
Zuzug	●	Baugrund
Zwangsvorstellung	●	Pflichtprogramm

Zweigstelle	●	Gestrüpp
Zwergpudel	●	Babymütze
Zwiebelschale	●	Uhrgehäuse
Zwiebelscheibe	●	Uhrglas
Zwischenpacht	●	Untermiete

Z

Stichworte von A bis Z
zu Bildung, Jugend und Gesellschaft in der DDR
1949 - 1990

Pflichtlektüre für Historiker, Journalisten und alle, die die Zeit miterlebt haben oder etwas mehr darüber wissen wollen.

Das Buch enthält über 800 Stichworte zu den Gebieten Bildung, Jugend und Gesellschaft in der DDR. Es behandelt insbesondere Themen wie Schule, Lehrer, Aus- und Weiterbildung sowie die Bildungsabschlüsse auf den einzelnen Ebenen. Ebenso findet man vielfältige Begriffe zum Thema Jugend wie Pioniere, FDJ und GST aber auch Jugendweihe und militärische Nachwuchs.
Das Buch ist im Buchhandel bestellbar und in der Regel innerhalb einer Woche lieferbar.

ISBN: 978-3-8391-6533-1   Preis: 13,50 €
Umfang: 172 Seiten

Autor: Klaus-Dieter Stamm, geb. 1954 in Querfurt; Elektronikfacharbeiter, Lehrer und Jurist - siehe auch:

http://www.bod.de/index.php?id=296&objk_id=405817